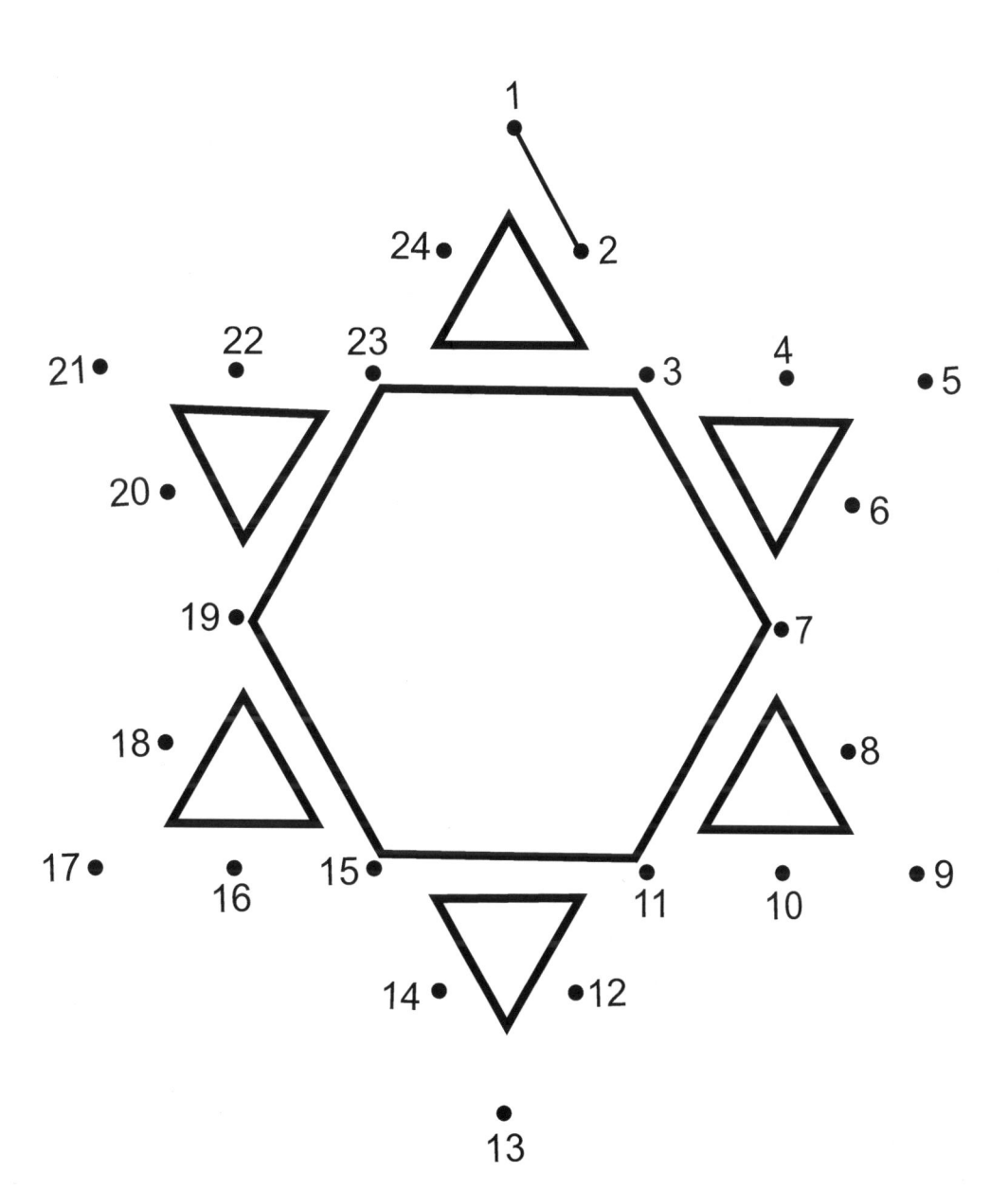

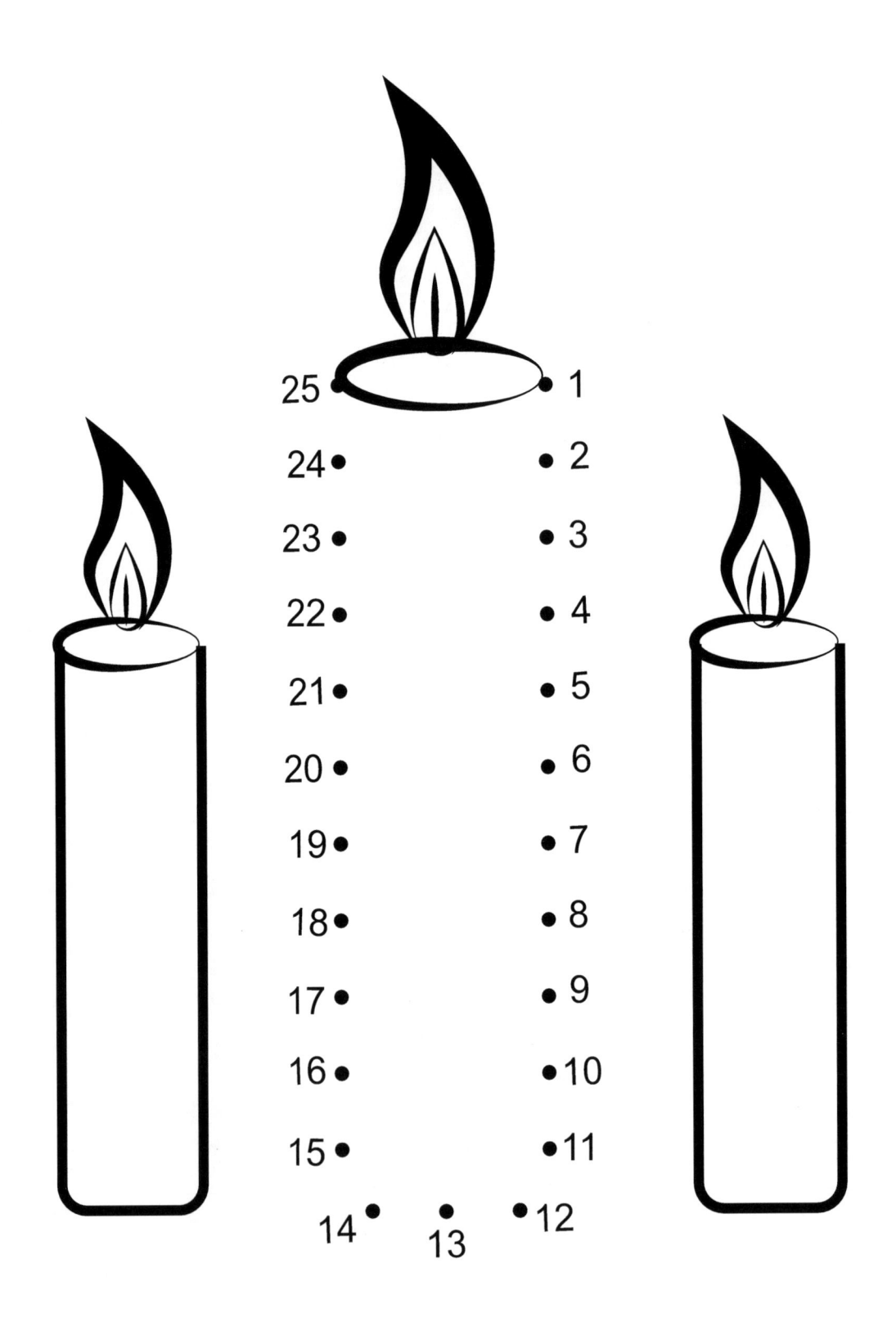

1
2
3
4
5
6
7
8
9
10
11
12
13
14
15
16
17
18
19
20
21
22
23
24
25

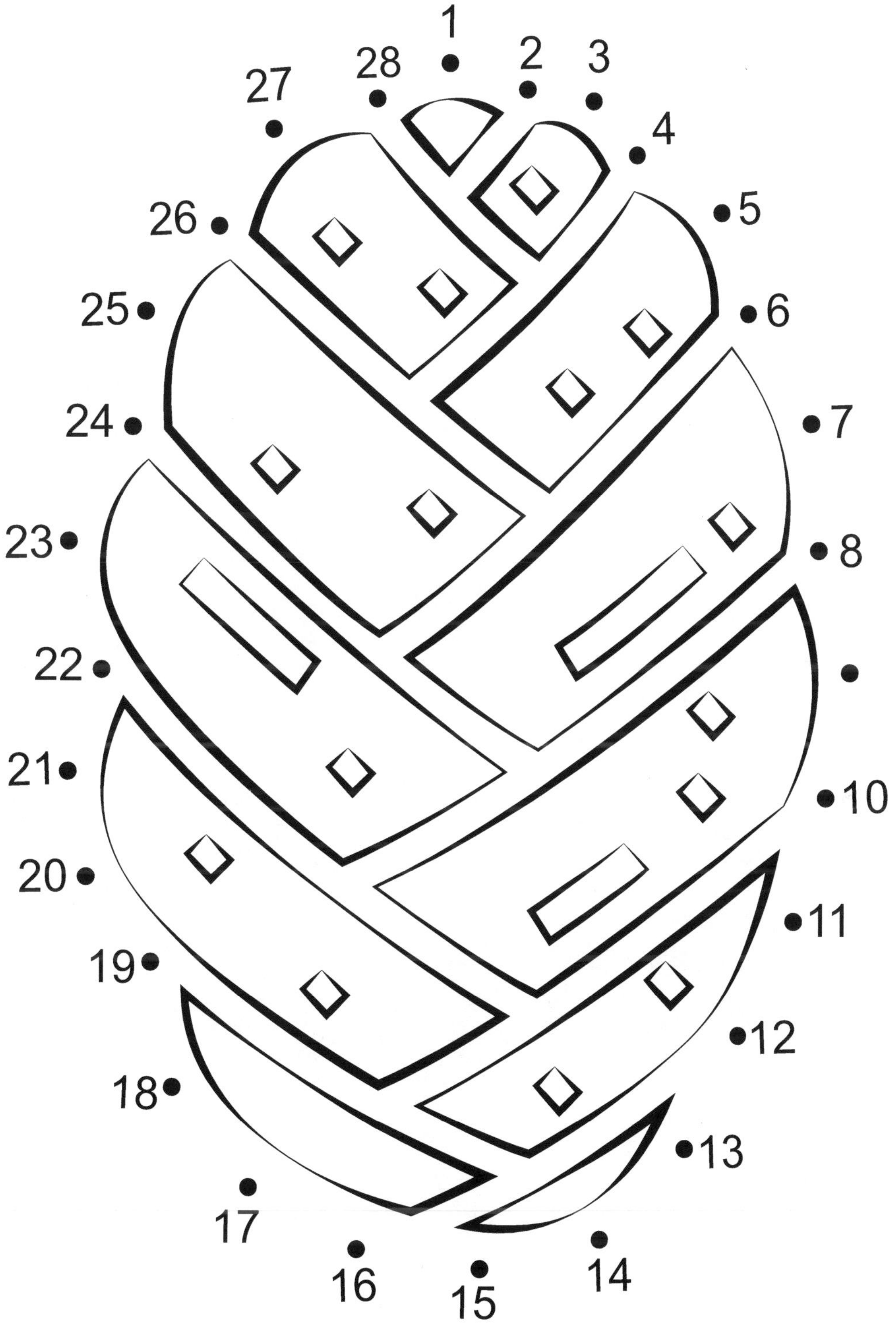
1
2
3
4
5
6
7
8
10
11
12
13
14
15
16
17
18
19
20
21
22
23
24
25
26
27
28

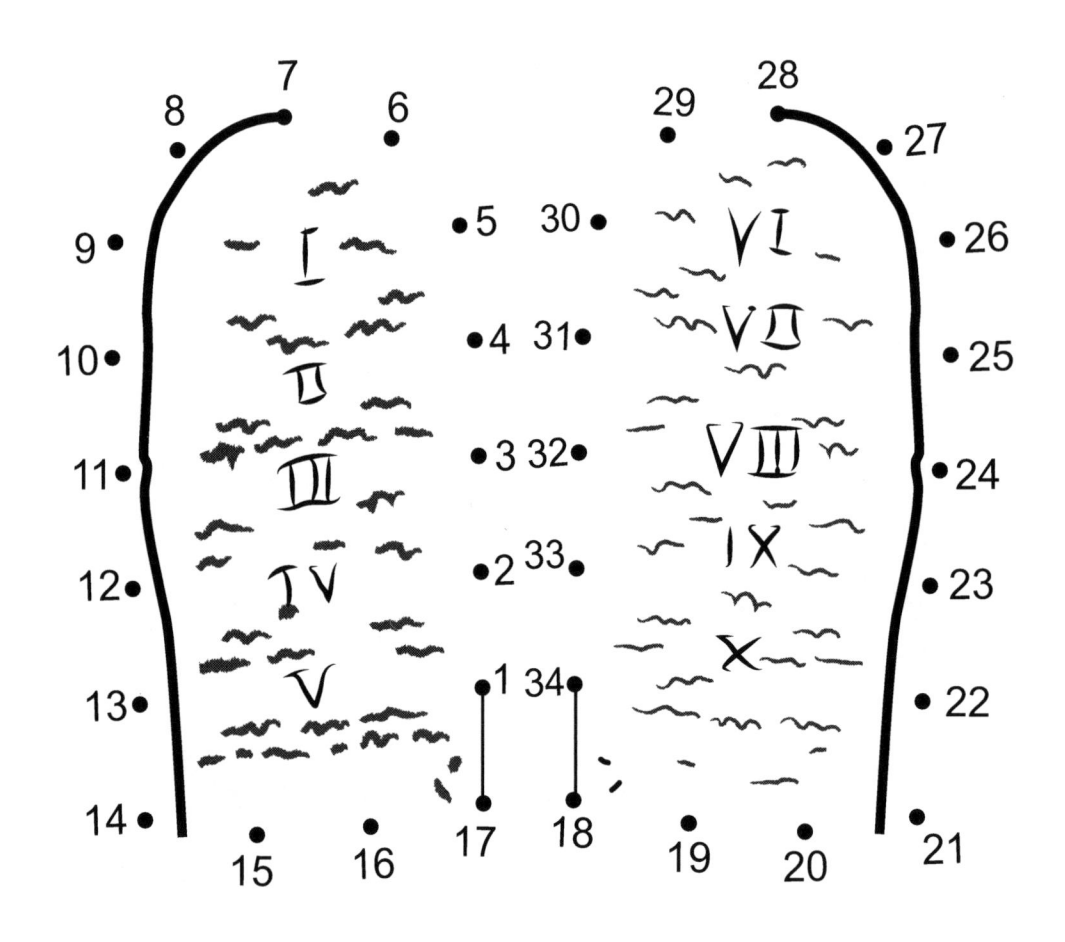

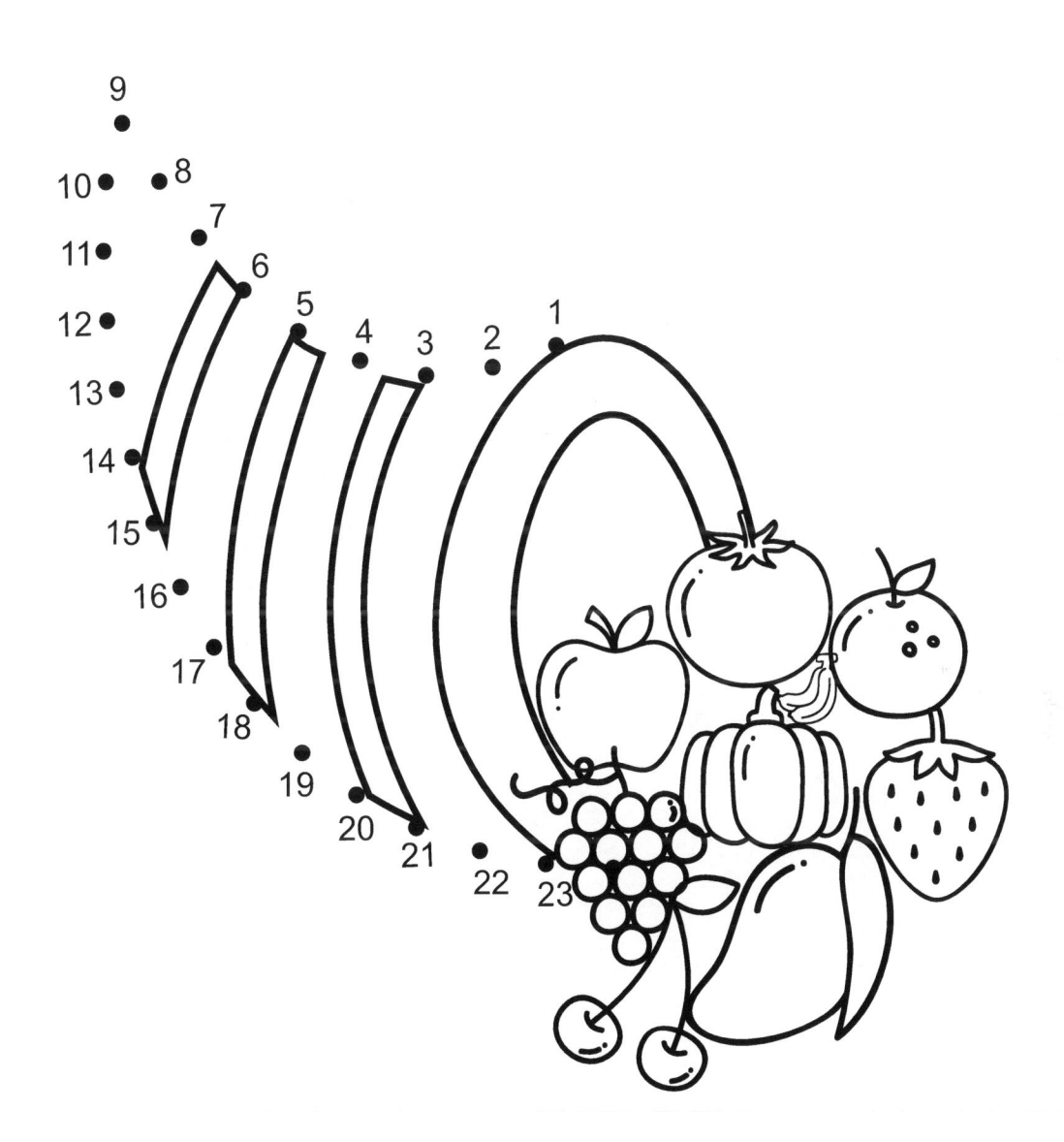

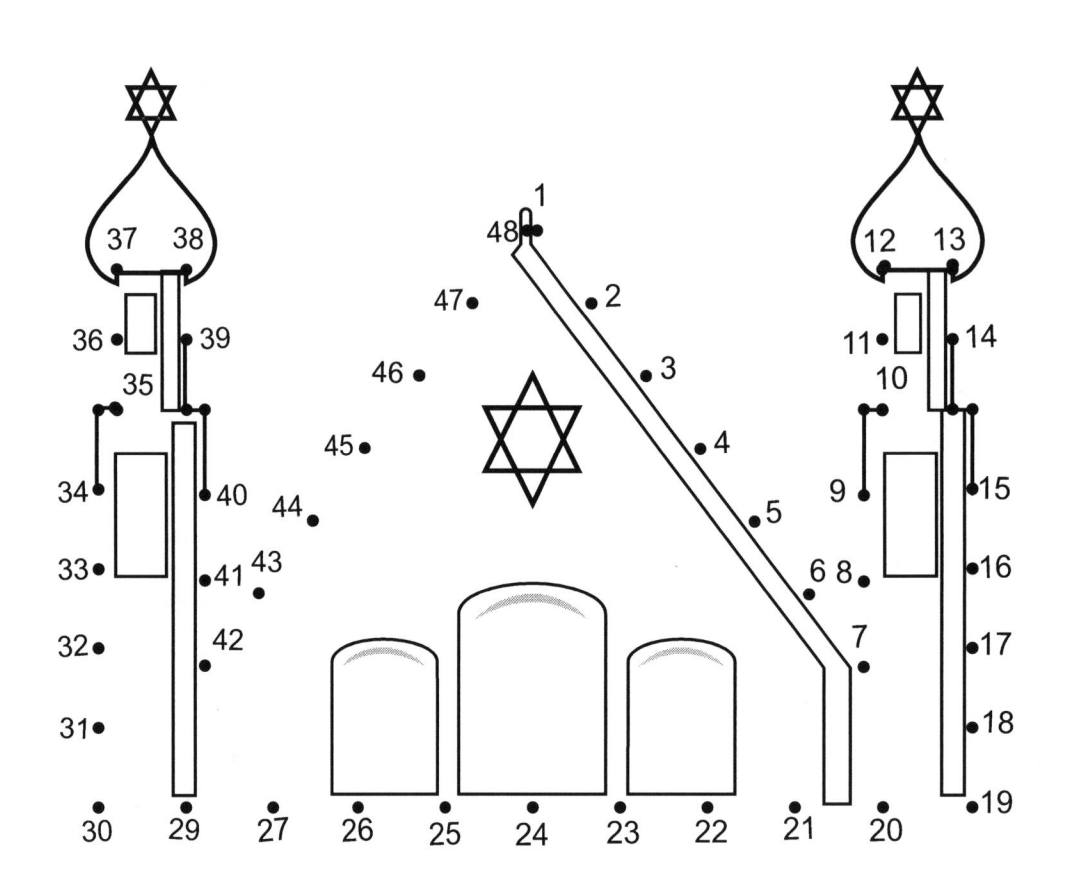

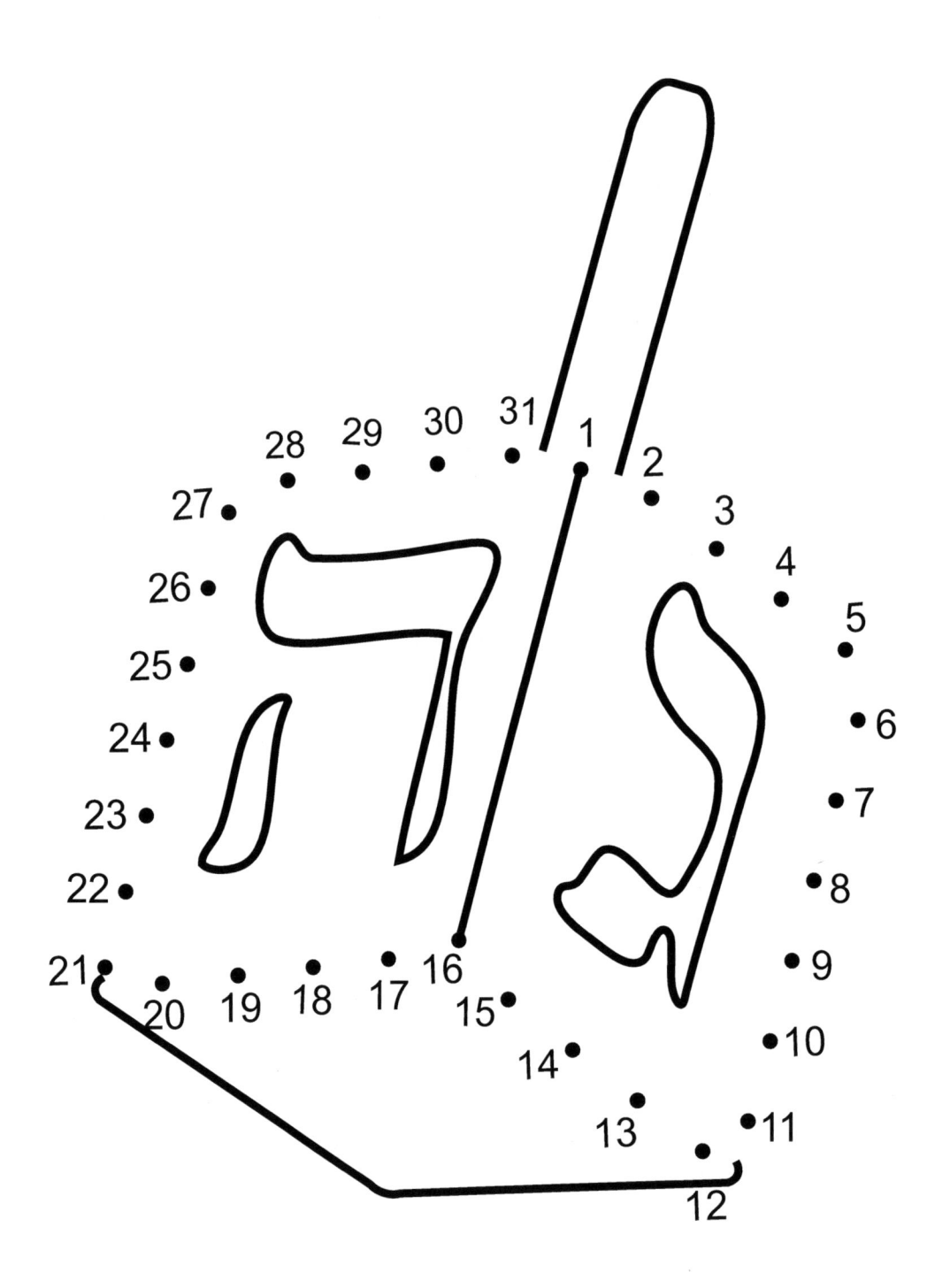

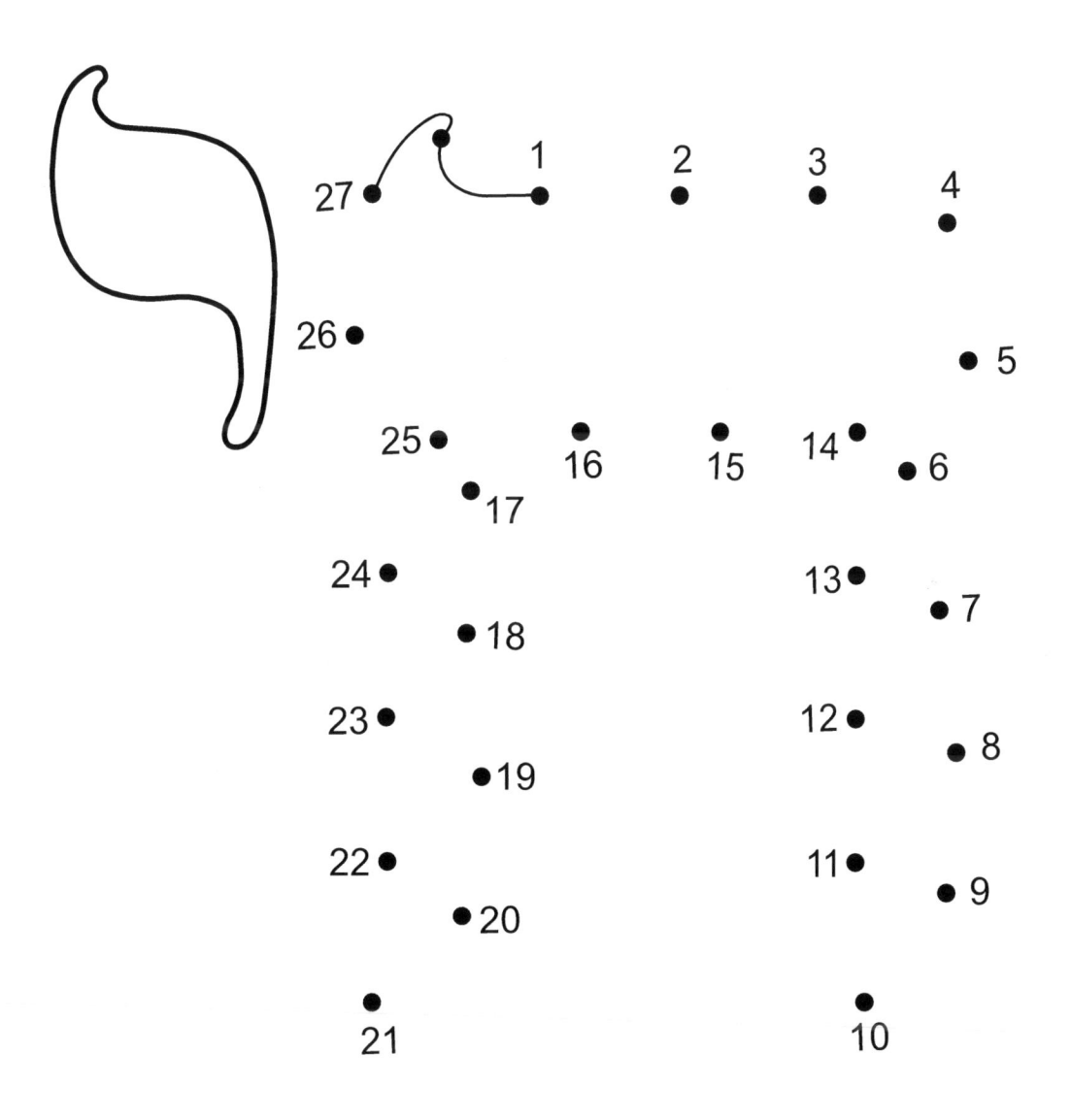

           1
             2

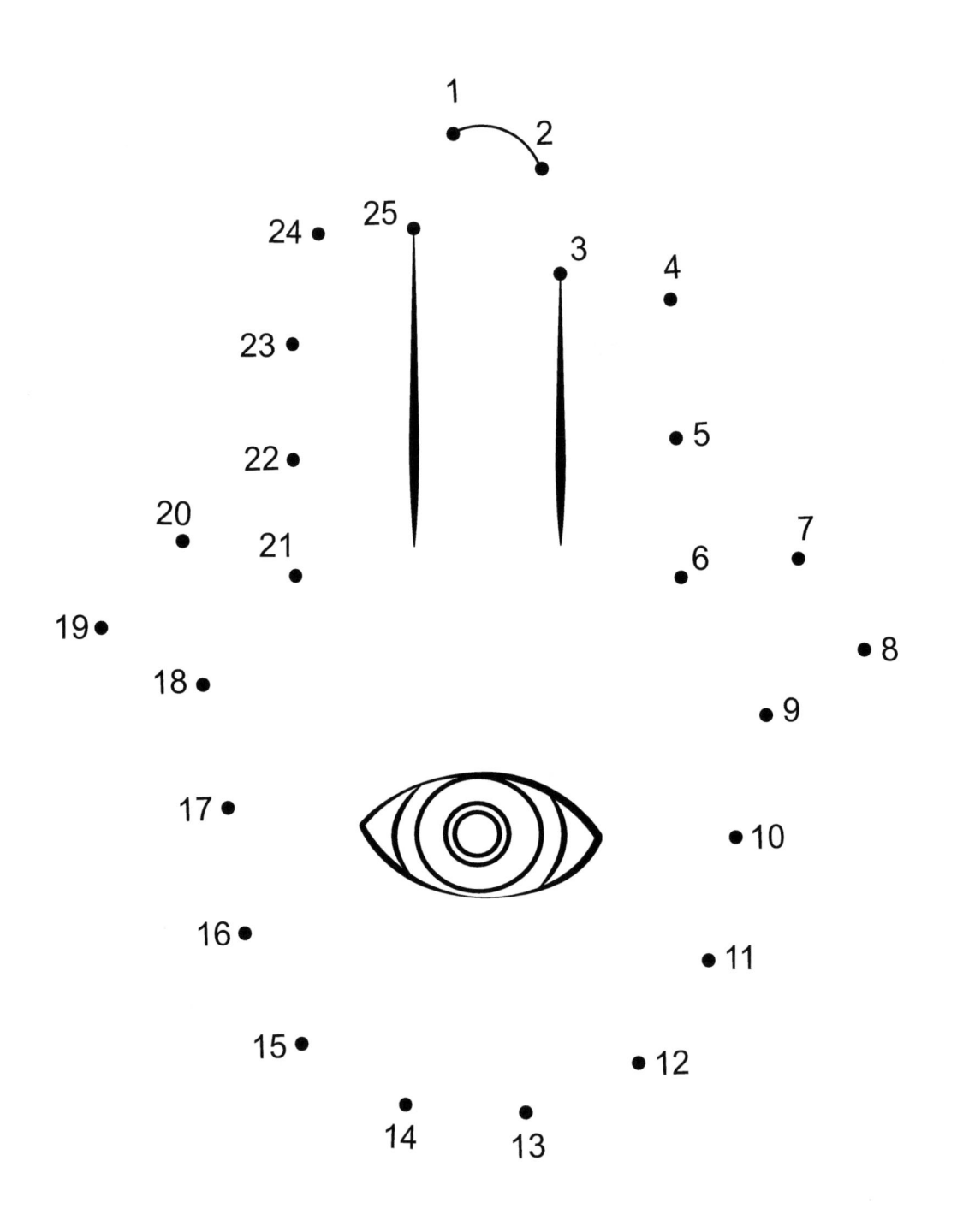

    24 25
               3   4

    23
                       5

    22
  20   7
     21   6

 19   8
    18
                            9

   17   •10

   16   •11

      15   •12
          •   •
          14 13

20
19
18
17
16
15
14 13 12 11 10 9 8
7
6
5
4
3
2
1

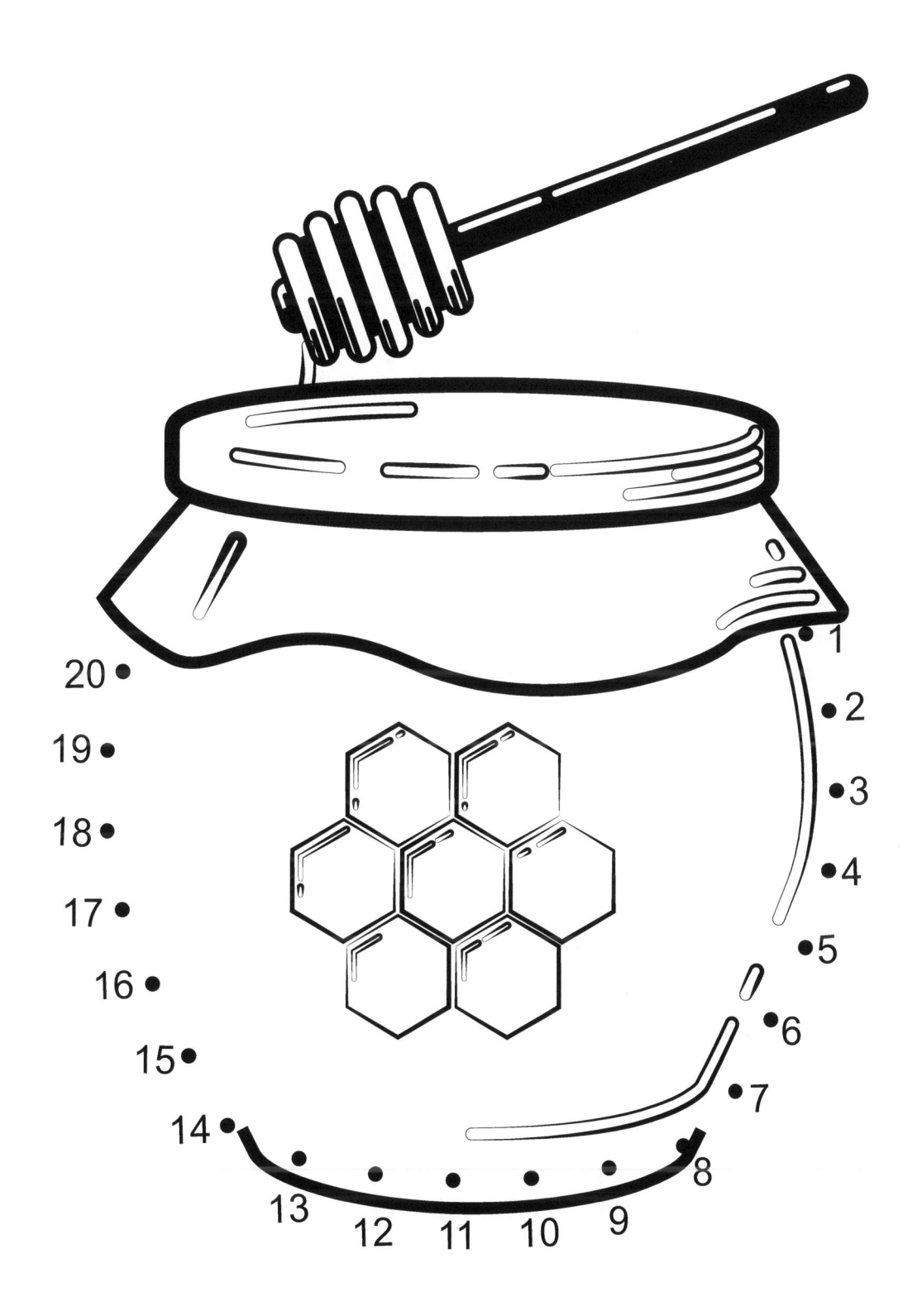

1
2
3
4
5
6
7
8
9
10
11
12
13
14
15
16
17
18
19
20
21
22
23
24
25
26
27
28
29
30
31

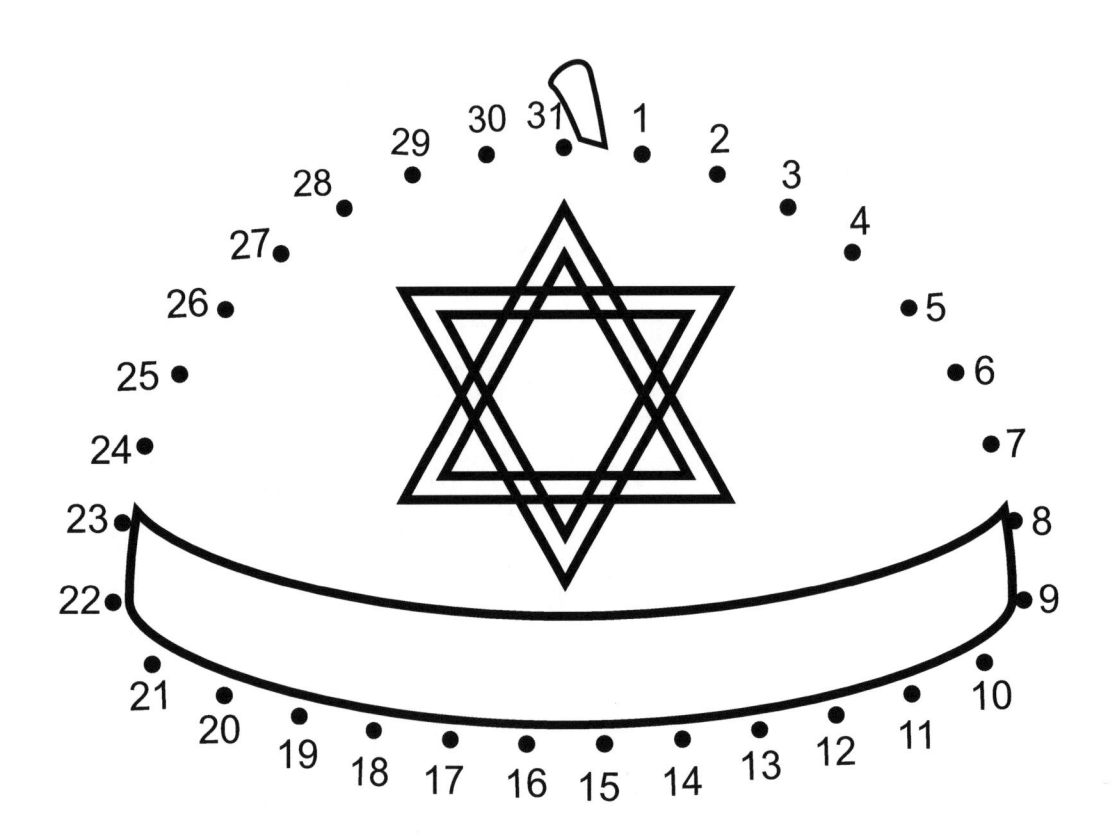

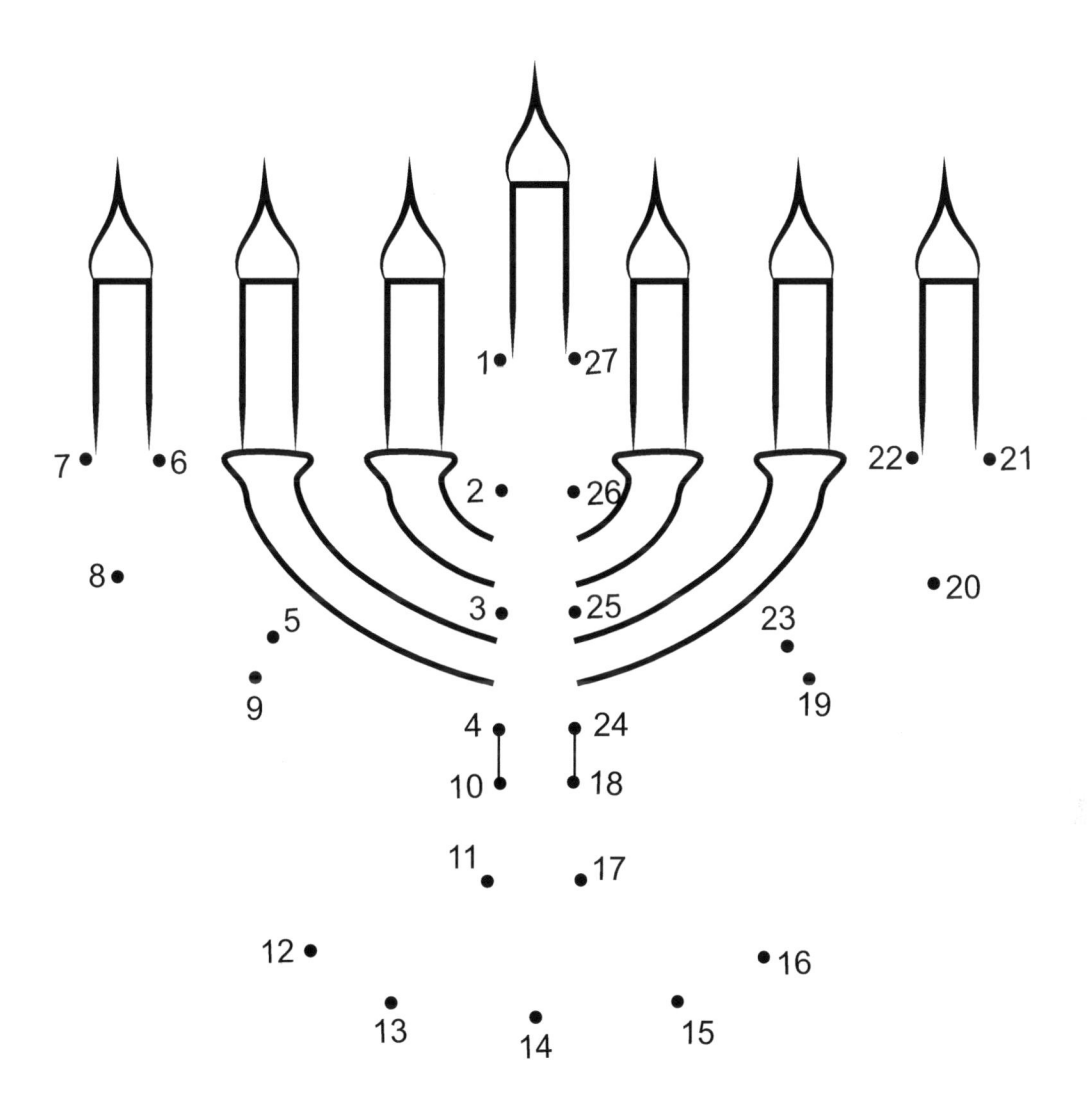

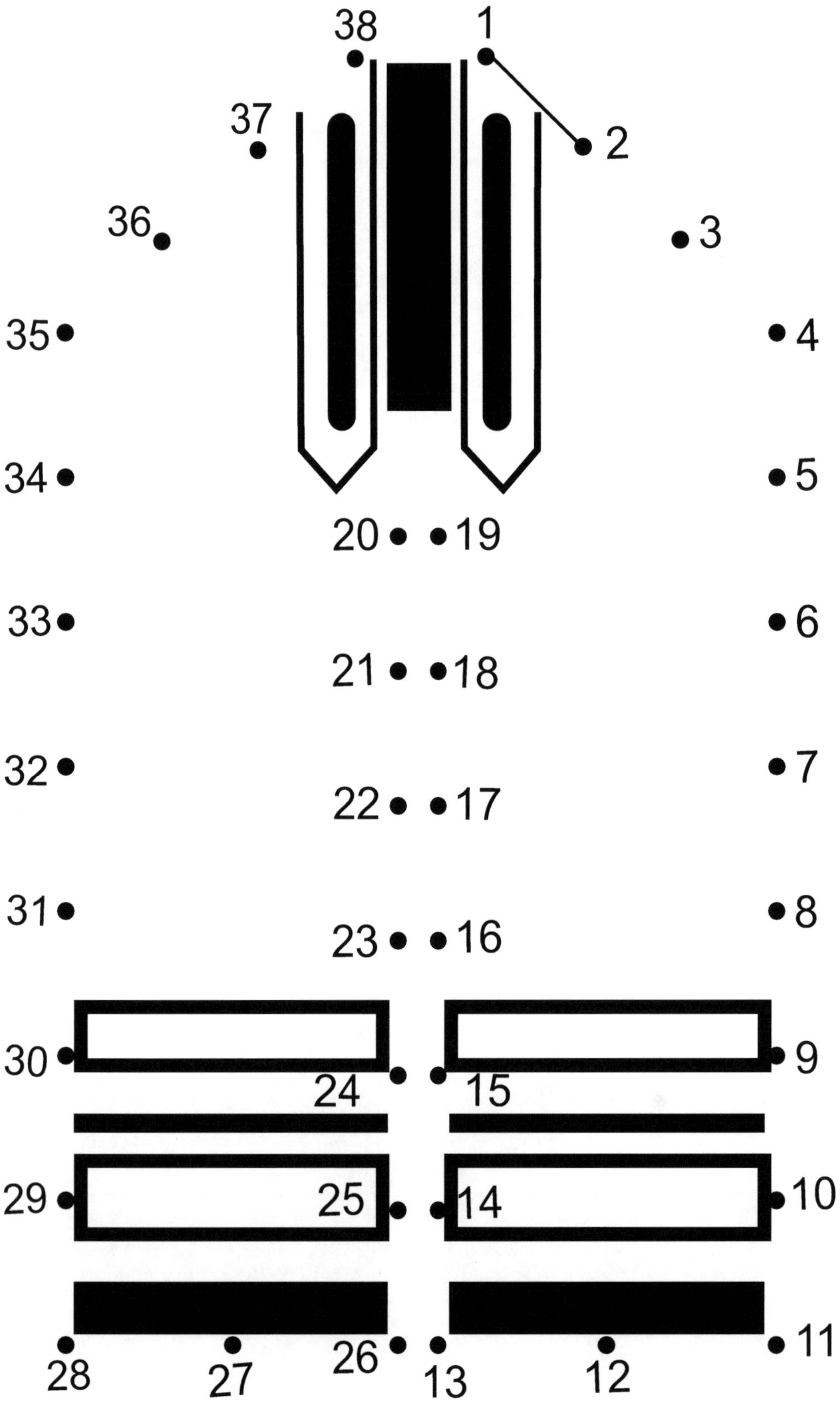
1
2
3
4
5
6
7
8
9
10
11
12
13
14
15
16
17
18
19
20
21
22
23
24
25
26
27
28
29
30
31
32
33
34
35
36
37
38

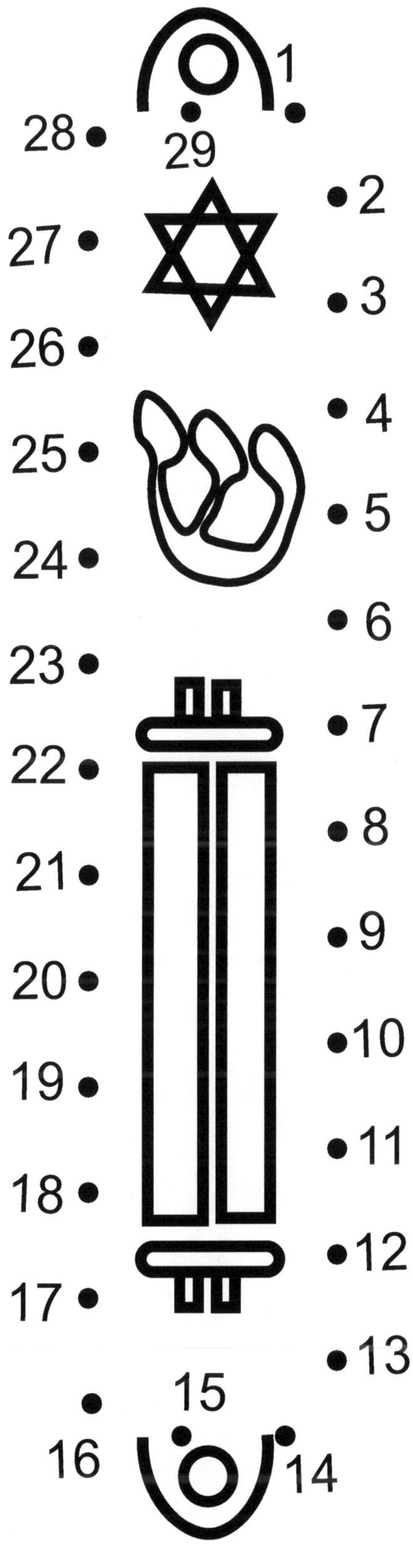
1
2
3
4
5
6
7
8
9
10
11
12
13
14
15
16
17
18
19
20
21
22
23
24
25
26
27
28
29

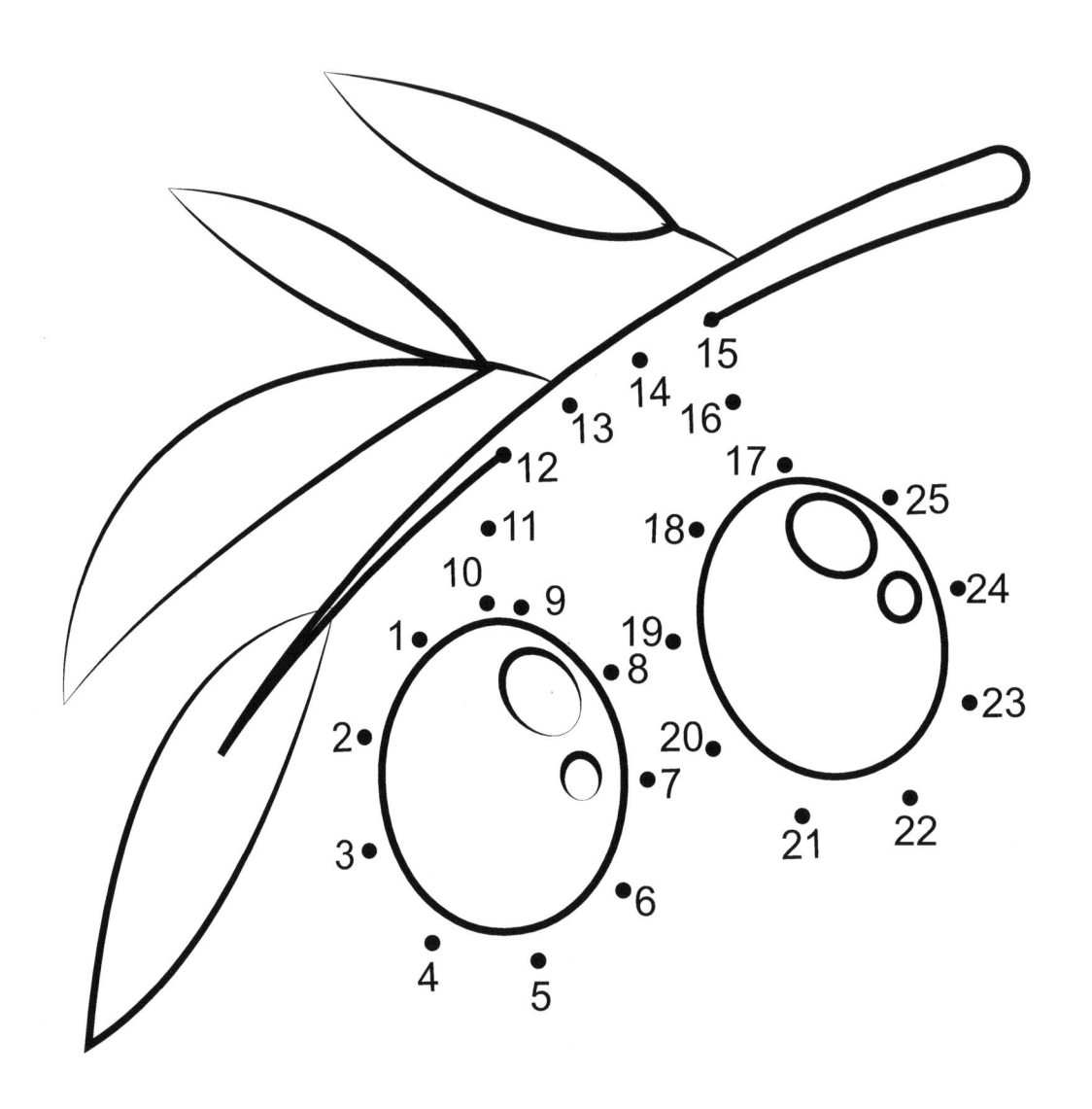

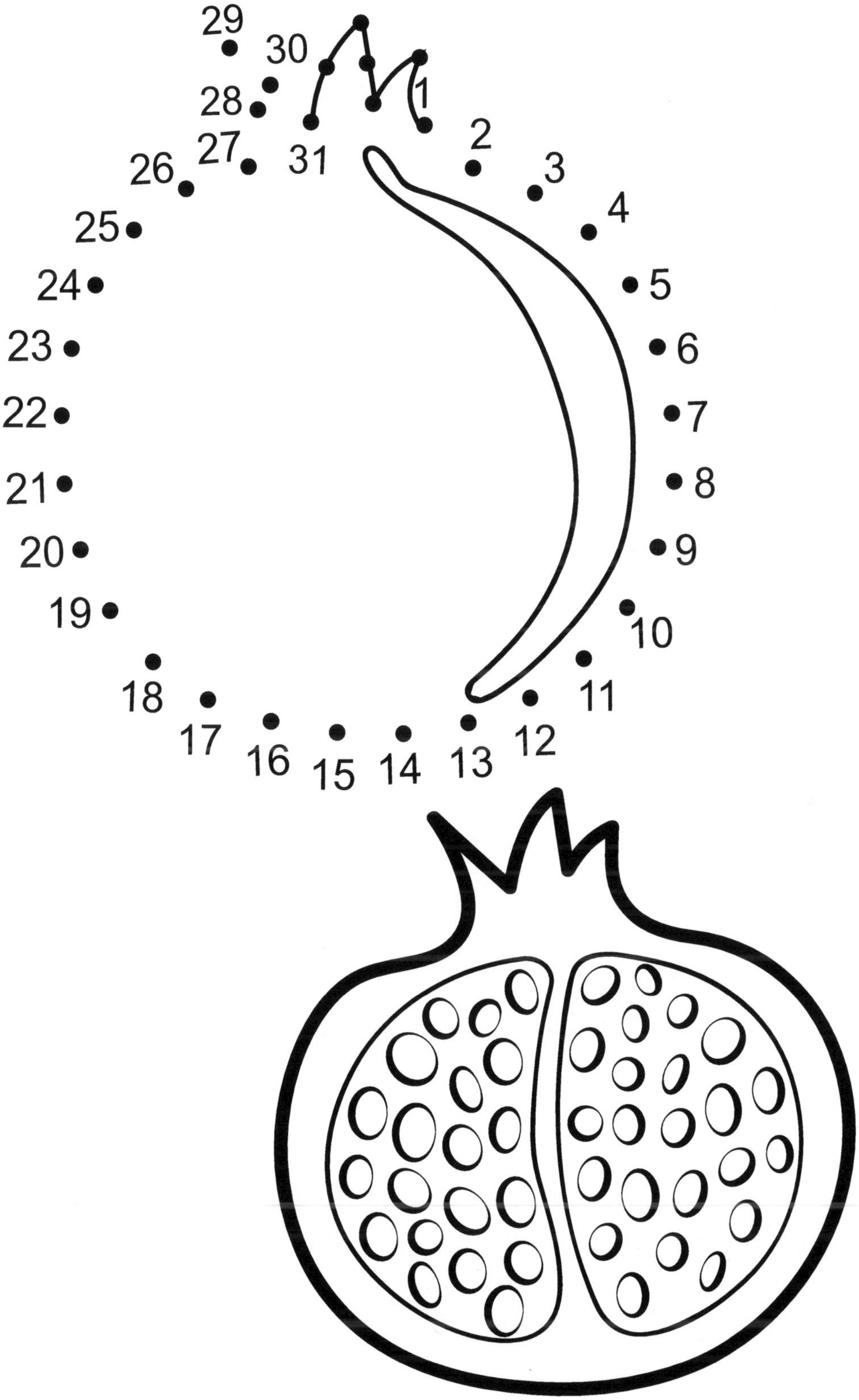
1
2
3
4
5
6
7
8
9
10
11
12
13
14
15
16
17
18
19
20
21
22
23
24
25
26
27
28
29
30
31

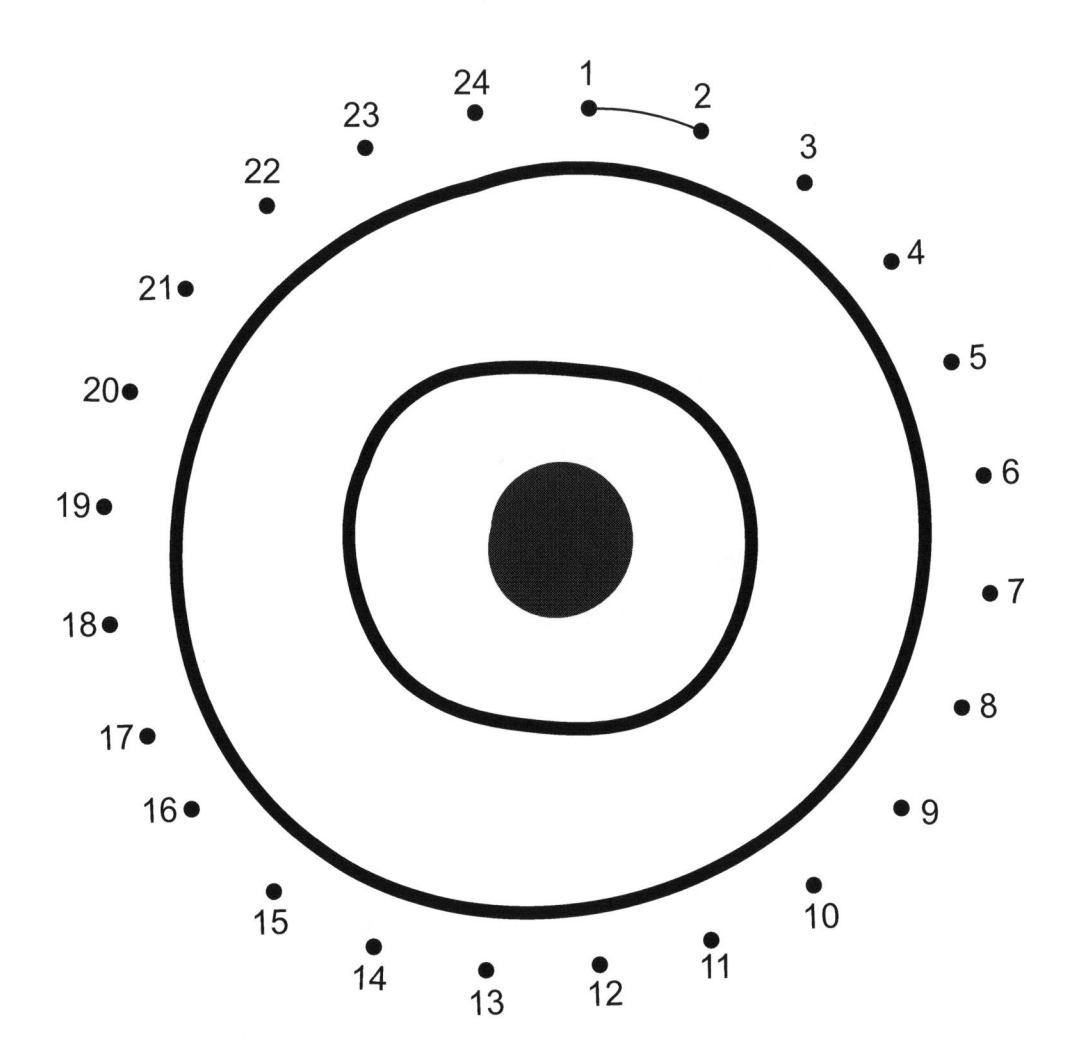

1 2 3 4 5 6 7 8 9 10 11 12 13 14 15 16 17 18 19 20 21 22 23 24 25 26 27 28 29 30 31 32 33 34 35 36 37 38 39

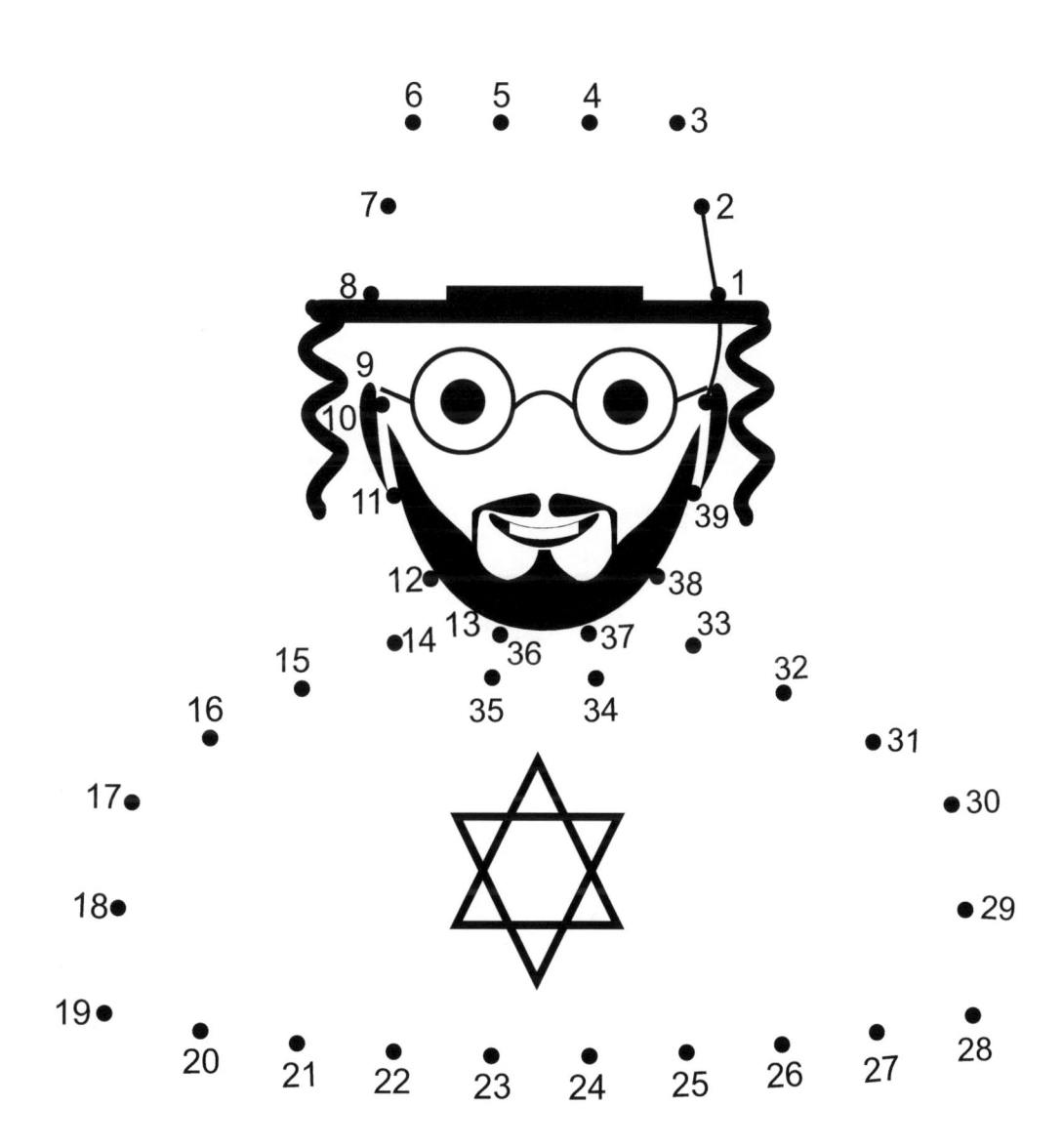

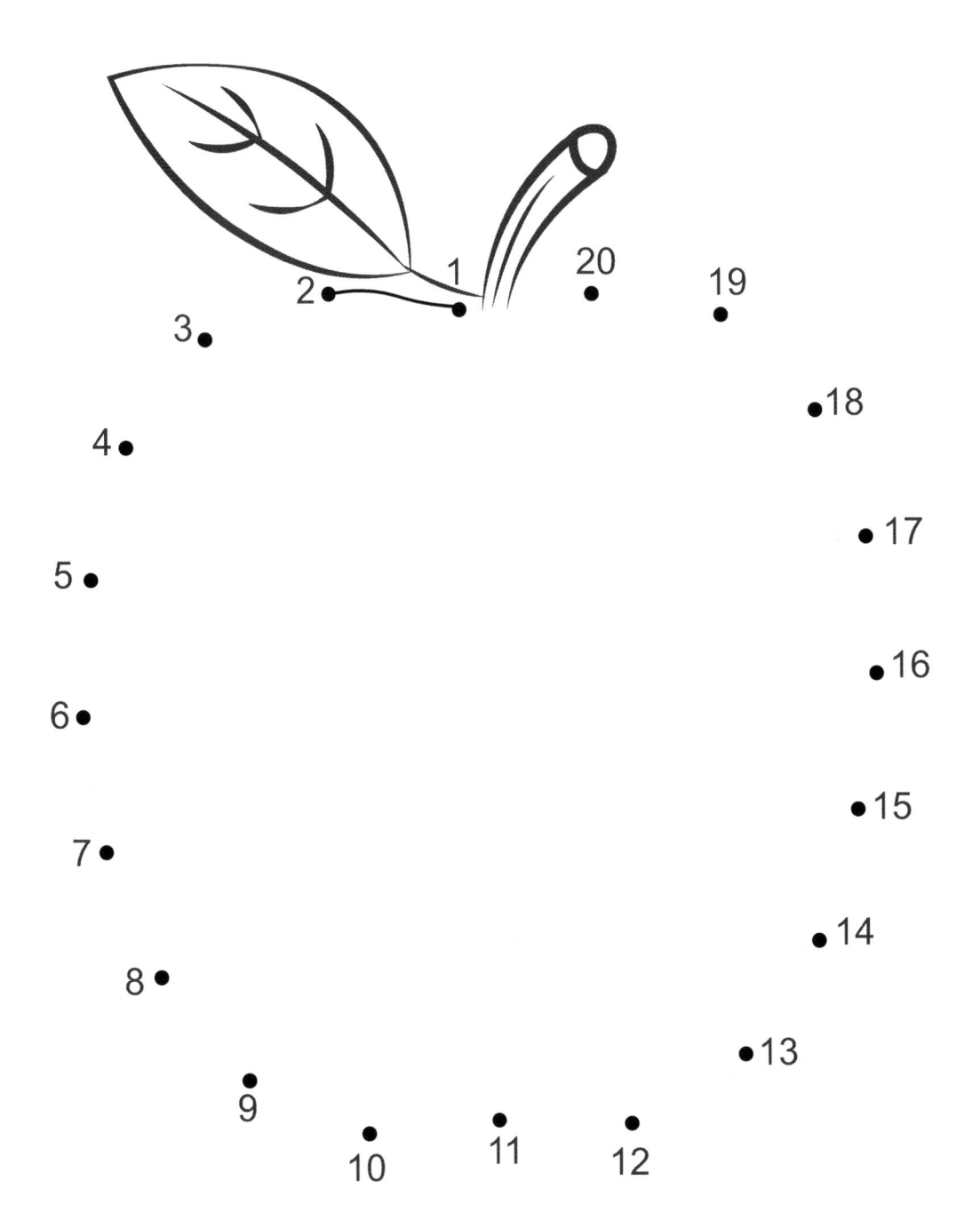

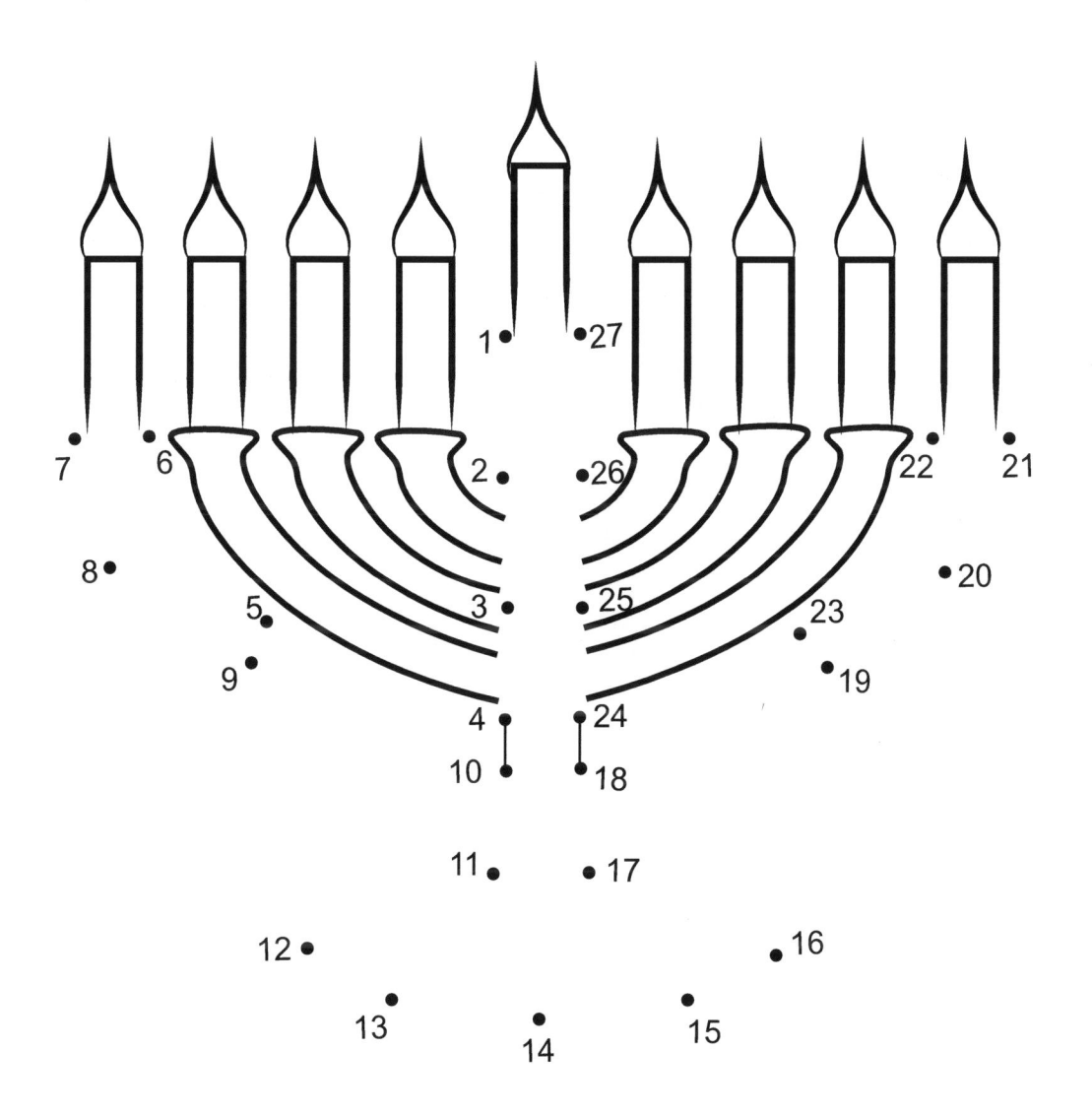

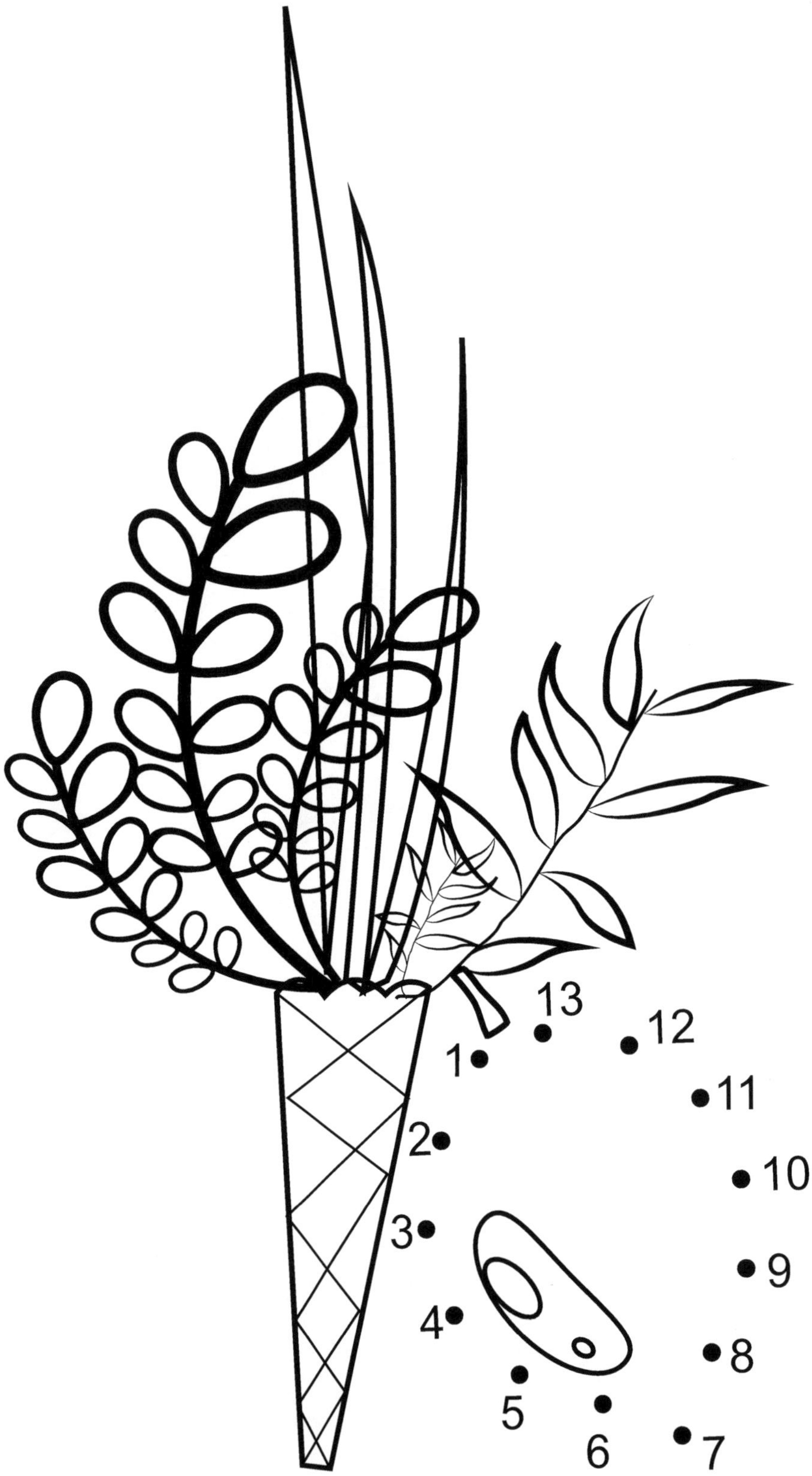
1
2
3
4
5
6
7
8
9
10
11
12
13

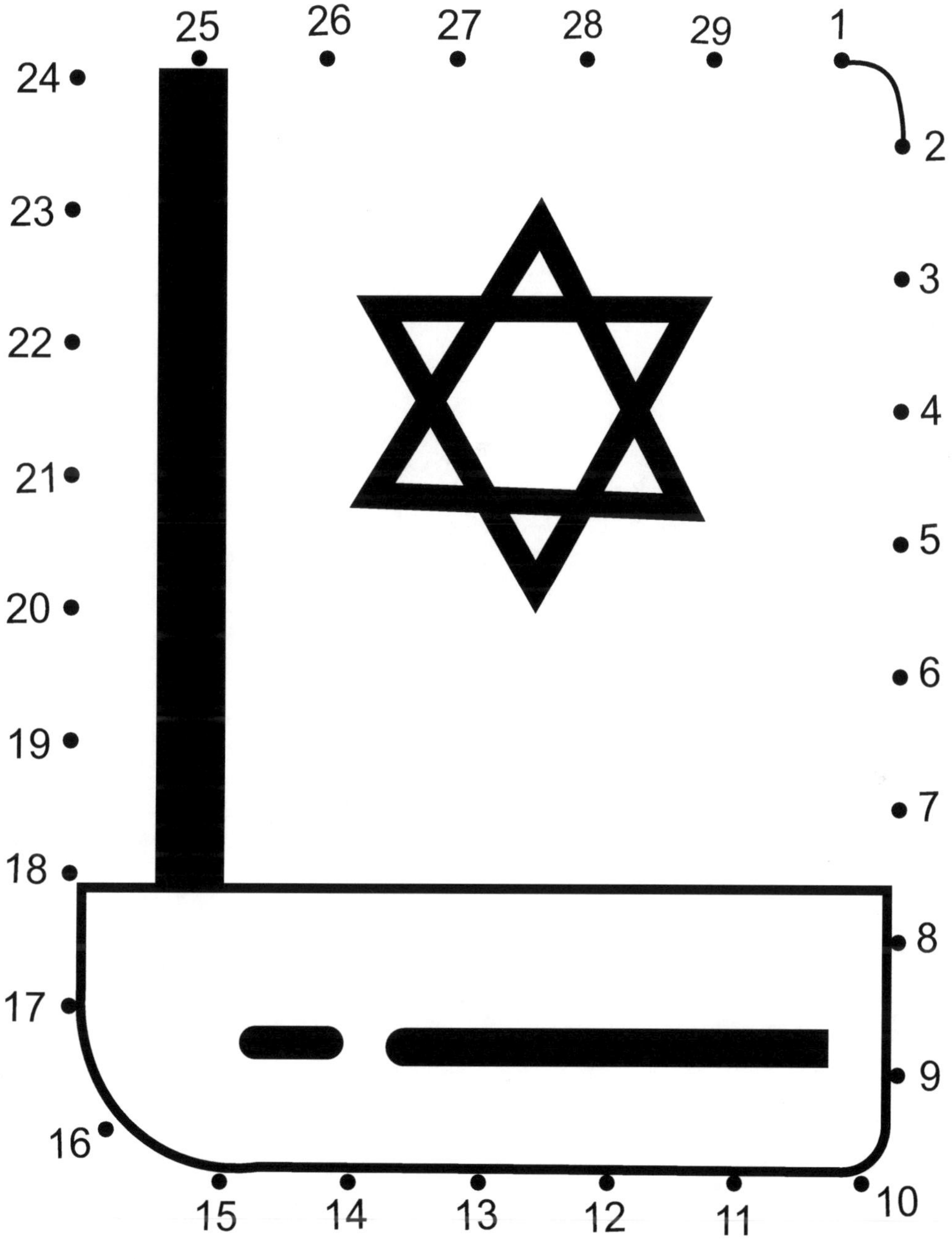
1
2
3
4
5
6
7
8
9
10
11
12
13
14
15
16
17
18
19
20
21
22
23
24
25
26
27
28
29

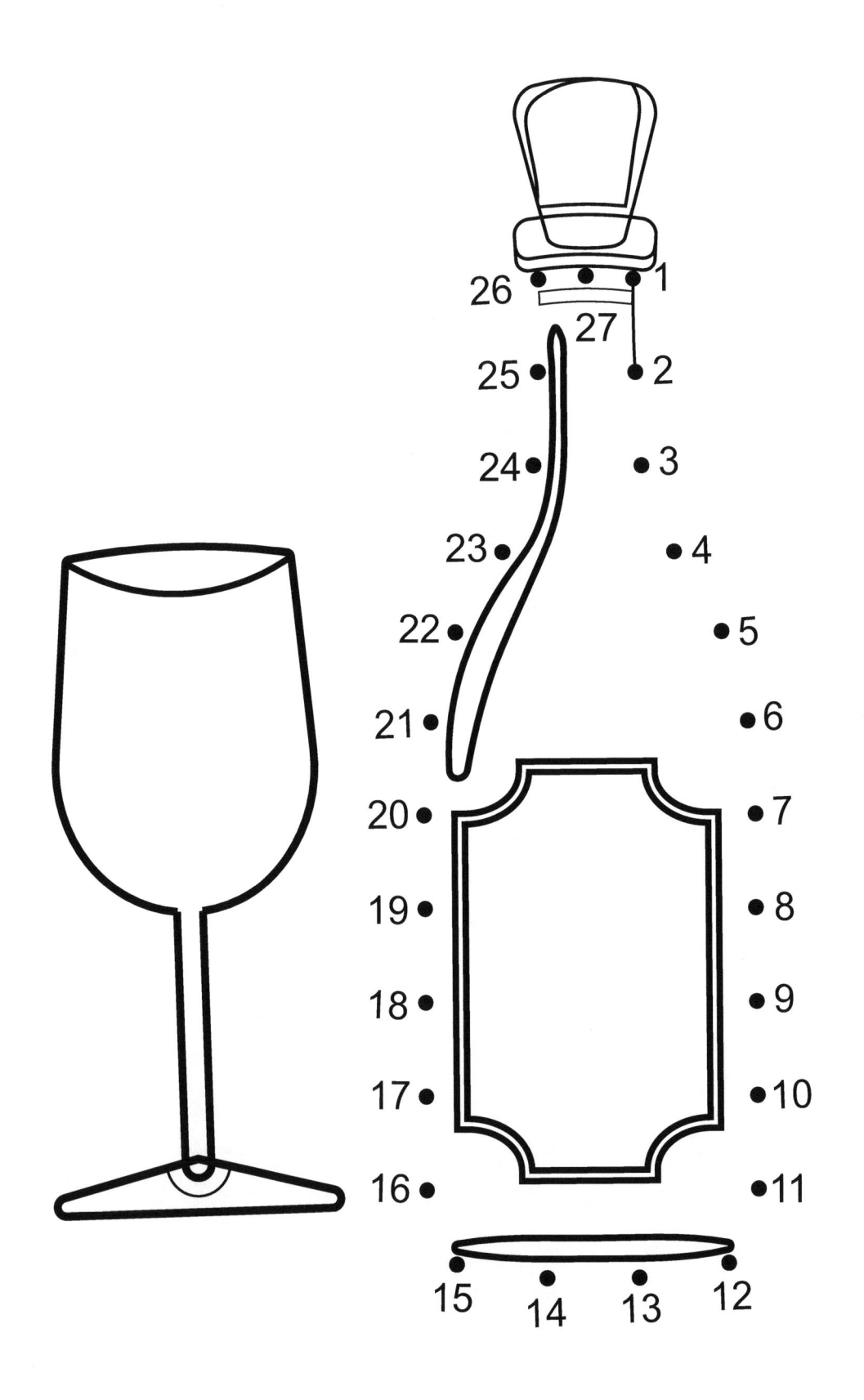

26 1
27
25 2
24 3
23 4
22 5
21 6
20 7
19 8
18 9
17 10
16 11
15 14 13 12

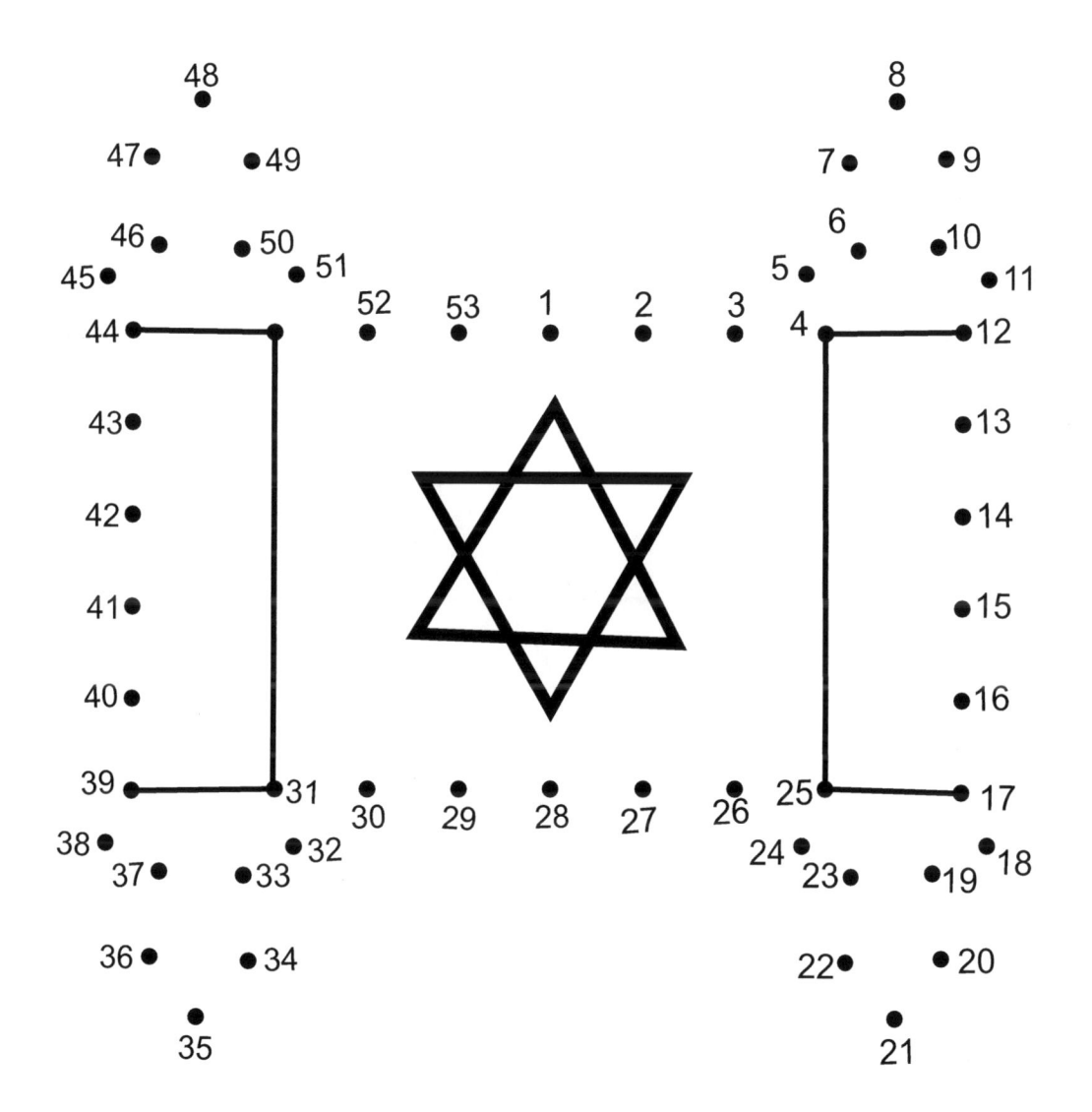

Made in United States
Orlando, FL
09 January 2024

42295230R00015